M. ZANGIACOMI

20 CENTIMES

PARIS

CHEZ TOUS LES LIBRAIRES

1870

M. ZANGIACOMI

M. Zangiacomi (Marie-Joseph-Prosper) vient, par décret du 14 juin, d'être désigné comme président de la Haute Cour qui ouvrira sa session à Blois, le 18 juillet prochain, et qui sera chargée de juger tous les complots dont il a été surtout question au moment du plébiscite.

Ce magistrat est né en 1802. Il est, en conséquence, âgé aujourd'hui de soixante-huit ans.

Son père, dont nous avons à dire quelques mots, était né à Nancy en 1766.

Notre homme est donc Lorrain ; mais ce qui le vexe particulièrement, c'est que, à cause de la désinence de son nom, on lui attribue généralement une origine corse. Il n'a pourtant pas là de quoi se plaindre, et un brin de parenté avec le cousin Pierre n'eût certainement pas nui à son avancement.

La conduite du père a été le modèle de celle du fils.

Le baron Joseph Zangiacomi, né roturier, fut député à la Convention en 1792.

Nommé en 1793 membre du fameux Comité de sûreté générale, il s'y distingua parmi les membres les plus violents, après avoir été un royaliste fanatique.

Lorsque la Convention, après Germinal, tomba dans la réaction de Thermidor, M. Zangiacomi avait tout ce qu'il fallait pour mériter les faveurs du nouveau régime. Elles ne lui manquèrent pas. Juge au tribunal de cassation sous l'Empire, ses services lui méritèrent le titre de baron. Son fils le porte encore aujourd'hui. Grand bien lui fasse!

Avoir servi l'Empire, avoir conservé sa place sous la Restauration, n'était rien.

Au lendemain de la révolution de Juillet, le *baron* Zangiacomi se fit nommer président de chambre à la Cour de cassation, et le 11 octobre 1832 il était élevé à ce qu'on a appelé la dignité de pair de France.

C'est en cette qualité qu'il prit une part active à tous les procès politiques qui se déroulèrent devant la Cour des pairs; il fut, chose bizarre, presque chaque fois chargé, comme pair, de continuer l'instruction commencée par son digne fils comme magistrat.

M. Zangiacomi fils devait noblement suivre la route si bien tracée par son père.

Le 30 décembre 1829, il était nommé, par Charles X, juge suppléant au tribunal de la Seine.

Ces sortes de places sont généralement réservées aux fils des magistrats bien casés; le fils Zangiacomi devait tout naturellement y être appelé.

Une fois appelé, il ne manqua jamais aux appels fréquents faits à son dévouement par le pouvoir constitué, quel qu'il fût.

Il est des hommes auxquels la nuance du régime, dont ils se nomment les « très-humbles serviteurs, » importe peu : ils appellent cela servir la France, cliché admirable qui n'a qu'un seul tort, c'est d'être un peu vieilli d'une part, et de l'autre, assez mal reçu par la classe peu intelligente des hommes à conviction.

Zangiacomi fut plus habile que ces derniers : chaque changement de système fut pour lui le signal d'une promotion. Avec des hommes si bien doués, condamnant pour Cavaignac comme ils l'avaient fait pour Louis-Philippe et comme ils étaient disposés à le faire pour Bonaparte, la grandeur d'un pays ne dépérit pas ; elle est en mains sûres : ce sont toujours les mêmes.

La conduite du nommé (1) Zangiacomi comme

---

(1) Nous employons volontiers ces sortes de désignations, *le nommé, le sieur, le.....*, etc. Elles peuvent paraître singulières aux personnes peu familiarisées avec les usages de la

juge suppléant est peu connue. Il devait cependant offrir des garanties suffisantes à la famille d'Orléans, puisque, le 5 mars 1832, il passa juge titulaire au tribunal de la Seine.

C'est là surtout qu'il devait se distinguer. Après avoir montré son zèle à la sixième chambre de l'époque, après avoir été le précurseur des Delesvaux et des Bazire, il se fit charger d'un office plus sérieux et qui lui permettait de toucher aux causes les plus importantes.

Il devint, le 7 avril 1834, le préparateur en

---

magistrature. Mais comme messieurs les juges sont tous d'excellents chrétiens (Voir le conseiller Saillard), qu'ils n'ignorent pas le principe *fais à autrui ce que tu voudrais qu'on te fît à toi-même*, et que c'est là leur style favori, nous supposons qu'il doit leur être fort agréable de le voir employé à leur égard.

chef de tous les grands procès politiques, le juge d'instruction émérite du parquet de Paris.

Il débuta par le procès d'avril 1834, une des affaires les plus curieuses de cette période historique.

Son procédé d'instruction était simple ; cependant un certain nombre d'accusés s'y laissèrent prendre. Signalons, en passant, cette méthode ; nous indiquerons tout à l'heure un remède infaillible.

Supposez que le juge d'instruction veuille faire avouer à un accusé non mouchard qu'il a jeté une pierre dans une maison ; au lieu de lui poser la question directe : Avez-vous jeté une pierre dans telle maison ? Zangiacomi lui disait : La pierre que vous avez jetée dans telle maison a-t-elle cassé une vitre, oui ou non ?

L'accusé discutait sur le fait. Zangiacomi faisait écrire par son fidèle greffier : La pierre a ou n'a pas (suivant le cas) cassé la vitre en question. De cette façon, il n'y avait aucune discussion sur le point principal de l'interrogatoire. Le fait était avoué, sans que le prévenu se doutât qu'il eût fait des aveux.

Nous avons promis d'indiquer le remède efficace ; hâtons-nous de le faire. Il consiste en ceci et n'est pas difficile à appliquer : n'avoir pour toute réponse aux questions, *quelles qu'elles soient*, du juge d'instruction que cette phrase uniforme : *Je refuse de répondre.*

C'est là une panacée universelle, une panacée garantie par le gouvernement, on peut le dire.

M. Bernier, en effet, un des successeurs maladroits de Zangiacomi, dans l'instruction des procès politiques, a commis la naïveté de le reconnaître lors de l'instruction du dernier complot :

« Avec des accusés qui refusent de répondre,
« l'instruction devient impossible. »

Parbleu !

Si tous les accusés employaient ce système, un arrêt de renvoi deviendrait impossible, et les procureurs ne sauraient plus comment s'y prendre pour rédiger un acte d'accusation un peu propre.

Les magistrats instructeurs le savent bien, et c'est l'attitude qu'ils redoutent le plus de voir prendre à un accusé !

Continuons maintenant l'histoire de Zangiacomi.

Dès 1835 nous le retrouvons aux prises avec le citoyen Raspail.

Tout le monde connaît cette fameuse aventure. Raspail avait été compris dans les arrestations opérées à la suite de l'affaire Fieschi, à laquelle, bien entendu, il était absolument étranger. (Il est admirable de voir comment tous les gouvernements ont usé facilement des mêmes procédés.)

Il fallait justifier après coup cette arrestation. Le délit d'audience était, dans ce cas, la ressource quotidienne des serviteurs de Louis-Philippe.

Mais, dans l'espèce, il était impossible de mener l'affaire jusqu'à l'audience; à défaut donc du délit d'audience, on employa le délit d'instruction, et c'est au sieur Zangiacomi que revint l'honneur de l'exécution.

Le 3 août 1835 il appela Raspail, et, après avoir procédé à un prétendu interrogatoire auquel ce dernier refusa de répondre :

« Il n'y a plus ici, dit-il, ni prévenu ni juge

d'instruction. Que feriez-vous de nous, M. Raspail, si vous étiez les plus forts?

— Nous vous enverrions probablement à Charenton, reprit l'accusé.

— Greffier, écrivez la réponse. »

La comédie était jouée; Raspail fut gratifié par le tribunal correctionnel de *deux ans de prison et cinq ans de surveillance*, pour outrage à un magistrat.

Le fait était tellement inique qu'après confirmation en appel, la Cour de cassation n'osa pas maintenir l'arrêt.

Le citoyen Napoléon Thouret, appelé comme témoin dans l'affaire, raconta à l'audience que le même Zangiacomi l'avait une fois menacé de le laisser vingt ans à la Force s'il refusait de lui répondre.

Il est bien entendu que le citoyen Thouret ne tint aucun compte de cette menace et n'en fut pas moins mis en liberté.

C'est là, si les preuves étaient nécessaires, une de celles qu'on pourrait mettre en avant pour démontrer l'excellence du principe de mutisme à l'instruction que nous soutenions tout à l'heure.

Dupoty, à propos duquel fut inventé le principe de la complicité morale par les libéraux, amis de M. Thiers, déposa également qu'il avait entendu une fois notre magistrat crier, par-dessus les toits du Palais de Justice, cette phrase courtoise : Ah ! messieurs les républicains, nous saurons bien vous dompter.

Je ne pense pas qu'à Claremont on croie aujourd'hui que les magistrats payés si cher par

Louis-Philippe, aient absolument accompli leur mission de protection.

Dans quelque temps, nous pourrons peut-être aussi demander à d'autres leur avis sur un sujet analogue.

Arrêtons-nous encore, et rappelons ce qui arriva au citoyen Grégoire. Faisons mieux ; citons textuellement la déclaration de ce dernier.

« Le 30 juillet 1835, je comparus devant
« M. Zangiacomi à l'occasion de la saisie d'un
« des numéros du *Charivari*, journal que j'im-
« prime. M. Zangiacomi me dit que, comme im-
« primeur, j'étais prévenu de complicité d'excita-
« tion à la haine et au mépris du gouvernement.
« Je commençai par répondre que, pour être
« complice d'un délit, il fallait au moins en avoir
« eu connaissance avant qu'il fût consommé, et
« que je n'avais pas lu l'article. M. Zangiacomi

« me répondit que je faisais le procès à la loi.
« Là-dessus, il déclara qu'il allait clore son pro-
« cès-verbal. Je lui dis que j'avais quelque chose
« de plus à dire, et comme il ne voulait pas
« m'entendre, je m'efforçai de le rappeler au sen-
« timent de ses devoirs. Il me dit que *si j'ajoutais*
« *un mot, il allait me faire arrêter.* Il reprit en-
« suite : Vous avez beau faire, nous finirons bien
« par vous faire marcher droit. »

On est forcé d'avouer qu'il y a chez ce juge un singulier sentiment de la dignité de l'accusé. Mais ce n'est rien encore auprès de ce qu'il nous reste à examiner.

Aussi le préfet de police Gisquet, le précurseur des Pietri, rend-il dans ses *Mémoires*, justice à l'intelligence du magistrat.

Zangiacomi, évidemment ne pouvait être mis à l'écart par la République bourgeoise : il fallait bien sauvegarder ce grand principe de l'inamovibilité, qui réjouit encore le cœur du député avocat, ancien ministre de la justice, Crémieux.

Et même, pour ne rien changer aux habitudes de ces excellents magistrats, si noblement conservés, les premiers citoyens que messieurs les bourgeois leur donnèrent à condamner, furent Blanqui, Raspail, Barbès et autre piliers des cours et tribunaux du premier maître de Son ex-Excellence M. Daru.

Cette conduite aujourd'hui semble incroyable à quiconque n'a pas étudié sérieusement l'histoire de 1848.

Un peuple fait une révolution. Il prodigue son sang pour arriver à améliorer son sort ; et, pour ne nous occuper en ce moment que de ce qui concerne notre sujet, ceux dont il a eu la bonhomie d'accepter le gouvernement, laissent pour juger et condamner les dissidents hors de combat, les vieilles créatures de Louis-Philippe.

Ce serait à donner envie de ne pas recommencer, si.....

La veille de Février, les Orléans voulaient prendre Zangiacomi comme préfet de police.

Gabriel Delessert ne leur allait pas. Le régime qui avait eu Gisquet pour serviteur dévoué pouvait s'attendre à mieux qu'à un policier homme du monde.

Zangiacomi était le personnage qui convenait. Sa nomination allait être signée. Il nous a même été affirmé, mais nous ne pouvons confirmer le fait, que le 23 février 1848, on était venu retirer à l'imprimerie du *Moniteur* le décret dont nous parlons et dont une partie était déjà composée.

Le 25 février, après la proclamation de la République, Zangiacomi vint offrir ses services au Gouvernement provisoire qui les accepta.

Il ne fut pas le seul. Les Partarieu-Lafosse, les Franck-Carré et autres pourfendeurs de républicains, ne furent jamais aussi en faveur que sous ce gouvernement républicain.

Néanmoins Zangiacomi ne brillait plus au premier rang de la justice politique. Il n'avait joué aucun rôle dans les deux grands procès du 15 mai 48 et du 13 juin 49. Il n'avait paru ni à Bourges, ni à Versailles. La série des procès de juin 48 s'était déroulée sans lui. Le sabre du Conseil de guerre avait jeté bas les toques et les robes du tribunal et de la Cour d'assises.

Avant d'examiner la conduite de Zangiacomi comme président, résumons ce qu'elle offre de particulier comme juge d'instruction.

Sans être d'une force surprenante, il avait cependant, nous devons le constater, des qualités auxquelles nos instructeurs d'aujourd'hui semblent absolument étrangers

Ernest Bertrand, le successeur immédiat de Zangiacomi, tâchait de faire faire des aveux par l'influence que la famille de l'accusé pouvait avoir sur lui. Un exemple de ce procédé est signalé tout au long dans le récit intéressant publié à Bruxelles par le docteur Lacambre, sous ce titre : *Évasion des prisons du Conseil de guerre.*

Le docteur ne tomba pas dans le piége, et le pauvre Bertrand en fut pour ses frais.

Zangiacomi se fit surtout remarquer par ce moyen qui consiste à surexciter le prévenu par les injures ou tout autre moyen, de façon à lui faire commettre un délit d'outrages à un magistrat. Nous avons vu dernièrement le juge Bernier essayer, sans pouvoir y réussir, de copier celui qui est destiné à finir l'œuvre qu'il a si naïvement conduite.

Bernier traita un des prévenus de « repris de justice, » à l'occasion de ses condamnations politiques antérieures.

Notre ami, outragé, allait peut-être commettre l'outrage désiré par Bernier, lorsqu'il saisit sur les lèvres de ce magistrat un sourire trop pressé qui lui fit comprendre aussitôt dans quel piége il allait tomber.

Le délit d'outrage n'est un bon moyen de sortir d'une affaire désagréable que pour un juge habile. Les hommes de la trempe de Bernier feront bien de ne jamais chercher à en user.

Mais, puisque Zangiacomi va présider la Haute Cour à Blois, c'est surtout comme président qu'il est curieux d'étudier le personnage.

Signalons donc avec certains détails sa conduite dans la direction de l'affaire dite de l'Hippodrome et de l'Opéra-Comique. Cet aperçu montrera suffisamment le genre du personnage et les capacités qui le recommandaient spécialement au choix de messire Ollivier.

Le 7 novembre 1853 s'ouvrirent ces débats devant la Cour d'assises de la Seine.

Jamais nous n'avons vu Delesvaux lui-même traiter des accusés politiques avec un sans-gêne semblable.

Un homme qui est censé au moins savoir la loi et qui veut absolument appeler les transportations de Juin, connues sous le nom trop mérité de « transportations sans jugement, » des condamnations judiciaires.

Un homme qui, vis-à-vis d'accusés politiques,

se permet de leur dire à tout bout de champ : « Ne le prenez pas de si haut. »

Un homme qui, ayant prononcé le mot la *population*, se reprend pour dire la *populace.*

Voilà celui qu'on appelle un juge! Quant à nous, nous ne demandons pas mieux; cela précise les situations.

Plus loin, le même individu essaie de faire passer la mutilation d'une statue religieuse pour un acte infamant.

« *Il n'y a pas de République sans attentat!* » venait de s'exclamer cet ancien juge d'un gouvernement qui s'appelait République.

C'est cet individu qui, posant une question à un accusé et n'obtenant que ce début de réponse : « Un homme d'honneur ne doit pas... » s'emporte violemment : « Vous êtes à la Cour d'assises, il n'y a pas d'homme d'honneur sur ces bancs ! »

Pas d'hommes d'honneur parmi des accusés politiques !

Le sieur Zangiacomi attachait surtout une importance capitale à l'interrogatoire des accusés.

Notons, en passant, que cet interrogatoire est placé par tous les présidents d'assises immédiatement après la lecture de l'acte d'accusation.

Cependant, le Code d'instruction semble indiquer que le président n'a le droit d'interroger les accusés que pendant et après les dépositions des témoins; jamais avant.

L'accusé a un moyen simple de lutter contre

cette violation de la loi : c'est de ne pas répondre à cet interrogatoire anticipé.

Mais Zangiacomi ne connaissait pas ces sortes d'obstacles.

En interrogeant les prévenus, il reproche à un accusé d'avoir été, en 1836, poursuivi pour société secrète ; celui-ci lui répond : « J'ai été poursuivi, mais non condamné : je m'étonne donc que la justice ne sache pas que j'étais innocent. » — « Ce qui nous étonne, répond Zangiacomi, c'est que ce soit à nous que vous disiez cela. »

Voit-on d'ici ce juge contestant les décisions de la justice, lorsqu'elles sont contraires à ses anciennes ordonnances de juge d'instruction.

Aussi comme il les défend, les juges d'instruction ! Et comme il croit toujours l'être, il lui échappe des phrases comme celle-ci :

« La surveillance était telle que nous savions tout cela avant que vous ne nous ayez parlé! »

Un président avouant ses relations avec la police; elle est bien bonne !

Puis, il soutient carrément, lui, qu'un juge d'instruction est incapable de désigner à des témoins un accusé pour qu'ils le reconnaissent ensuite; et il en arrive au point que, dès qu'un accusé prononce ce mot : « Le juge d'instruction, » il s'écrie : « Ah! permettez, je ne tolère rien contre le juge d'instruction, » avant que l'accusé n'ait achevé sa phrase.

Il n'hésite pas à dire à un accusé qui fut du reste acquitté par le jury : « Vos antécédents politiques et les barricades que vous vouliez faire en 1851, expliquent votre position et l'accusation qui pèse sur vous. »

Le rôle du président est, on le sait, au moins d'après la loi, de diriger les débats; il lui est interdit de prendre fait et cause pour l'accusation, ce qui n'empêche pas Zangiacomi de déclarer à un accusé, qui fut également acquitté : « *Il est* **CERTAIN** que vous êtes l'intermédiaire du comité de Londres. »

L'opinion de cet individu sur la pratique du suffrage universel est assez curieuse; elle a au moins, chose rare, le mérite de la franchise. « Vous étiez ouvrier laborieux, dit-il à un accusé, et vous vous êtes mêlé de politique, *de ce qui ne vous regardait pas*, et vous voilà ici! »

Il pose cette question : « Que s'est-il passé, là? » et comme l'accusé lui répond fort sagement : « Ce n'est pas à moi à vous le dire, » il devient furieux, et s'écrie : « Vous vous oubliez, je crois. Qu'est-ce que c'est que ce ton-là? Tâchez de répondre avec plus de convenance. »

A un accusé que le jury déclara innocent, il reprocha de mentir en niant-avoir eu un poignard sur lui; il fut plus tard prouvé que cet accusé n'était pas armé.

Avant toute discussion, il répond carrément que l'existence de sociétés secrètes est « prouvée. »

Il trouve étonnant que l'on refuse de répondre à l'instruction, et ne se gêne pas pour dire que c'est là une charge accablante.

Zangiacomi ne s'entend pas moins à protéger les mystères de la police que ceux du juge d'instruction.

Un agent, le nommé Goussard, dit :

— Je me suis arrangé pour lui parler sans éveiller les soupçons. Je lui.....

— Nous n'avons pas besoin, s'exclame Zangiacomi, de savoir le moyen que vous avez employé.

Pendant les plaidoiries, il s'écrie, plein d'un vif enthousiasme : « Je ne laisserai pas dire que l'on arrête des citoyens innocents; que c'est sur le vu de dossiers que l'on arrête des citoyens. La justice, et non l'administration, — la justice, il faut dire le mot, — ne provoque l'arrestation que des personnes contre lesquelles s'élèvent des charges suffisantes. »

Elle est bien bonne !

Nous nous sommes borné à quelques citations. Toutes sont prises dans une publication que personne ne soupçonnera de manquer de respect à la magistrature ni d'être suspecte de partialité. *(Complot de l'Hippodrome et de l'Opéra-Comique,* par A. Fermé. Paris, 1869.) L'auteur est magistrat lui-même.

Voilà pour l'ensemble.

Comme moyen général, Zangiacomi procède, à l'égard de l'accusé, par résistance passive. Il l'interrompt par d'éternels *allons, allons!* accompagnés de coups saccadés de couteau à papier, et arriverait à troubler quiconque ne serait pas prévenu de ce système spécial de libre discussion.

Au besoin, il expulse l'accusé de l'audience de la façon la moins bruyante qui soit au monde.

Ce système a réussi en 1853. Réussira-t-il à Blois? Nous en doutons, car aujourd'hui les accusés sont avertis, et le président Zangiacomi fera bien d'inventer d'autres trucs.

Les accusés ne se laisseront pas intimider, et il

trouvera, nous pouvons le lui garantir, quelque résistance sur son chemin.

Zangiacomi s'attend sans doute à être nommé président de chambre à la Cour de cassation dans l'année qui va suivre, comme il a été nommé président de chambre à la Cour de Paris un an après sa présidence de l'Opéra-Comique.

Mais s'il veut monter jusques-là, nous le lui répétons, qu'il invente quelque nouvelle ficelle; les anciennes sont par trop usées.

RAOUL RIGAULT.

PARIS. — IMPRIMERIE ÉM. VOITELAIN ET Cᵉ, RUE J.-J. ROUSSEAU, 61.

www.ingramcontent.com/pod-product-compliance
Lightning Source LLC
LaVergne TN
LVHW021528140926
848035LV00047B/1252
* 9 7 8 2 0 1 4 0 2 9 0 7 9 *